Ai!
Que preguiça!...

Rodolfo
Witzig
Guttilla

Ai!
Que preguiça!...
O Brasil em 39 poemas
fabulosos & alegóricos

Ilustrações Fido Nesti

COMPANHIA DAS LETRAS

Sumário

14 a partilha
15 a terra
16 o desterro
17 a batalha
19 a entrada
21 a conjura
22 casa grande & senzala por uma mucama
23 a fuga
24 Nossa Senhora Dona Carlota Joaquina de Bourbon
25 falsa lira de Pedro I, o "demonião"
26 missiva de Domitila para o "demonião"
27 Nioac
29 1872
30 abolição
31 o pijama de Deodoro
32 1916 ou pelo telefone
33 cabralismo
34 comboio
35 a trajetória da pedra
36 1932 ou para não dar a partida por perdida
37 MMDC
39 pararatimbum-bum-bum
40 16 de julho, 1950, 16:50
41 o tiro do presidente
42 pilhéria na padaria: 24 de agosto de 1954
43 como pode um peixe vivo viver dentro da braguilha
44 vassourinha ou o presidente era um jingle
45 1º de abril de 1964 na embaixada norte-americana
46 número 5
48 festival da canção, 1969
49 23 de março de 1979 ou repressão é isso aí, bicho!
50 Diretas já ou a banda do Pirandello
53 memorando ministerial, 16 de março de 1985
54 o confisco, março de 1990
55 a moeda & o pão nosso de cada dia

56 caras-pintadas
57 tudo como dantes no quartel de Abrantes
58 carta 14ª
59 ai! que preguiça!...

61 *referências, apropriações & citações (ou: expondo a cozinha)*

[...] *para que no futuro*
sejamos tema de canto
para homens ainda por nascer.
Homero

E, pera dizer tudo, temo e creio
Que qualquer longo tempo curto seja;
Mas, pois o mandas, tudo se te deve
Irei contra o que devo, e serei breve.
Luís de Camões

Rompam-se logo as leis das Majestades,
Ouçam Ministros sempre os Patriarcas,
Pois mais podem, que leis, autoridades.
Gregório de Matos

Quem foi que inventou o Brasil?
Foi seu Cabral!
Foi seu Cabral!
No dia vinte e um de abril
Dois meses depois do carnaval
Lamartine Babo

Quando uma ideologia fica bem velhinha
vem morar no Brasil.
Millôr Fernandes

para Ciça, Arthur, Fred & Carminha
que qualquer curto tempo longo seja

para Alice Ruiz, Carlos Eduardo Lins da Silva, Carlos Felipe Moisés, Eduardo Simões, Guilherme Leal, Jorge Caldeira, Josildeth Gomes Consorte, Paulo Nassar, Pedro Luiz Passos, Ricardo Arnt, Roberto DaMatta & Roberto Gambini

brasileiros

estes 39 poemas fabulosos & alegóricos

ao povo da qu4rta,
saravá!

AI! QUE PREGUIÇA!...

a partilha

tome-se por decidido
por justo e bem contratado
que o chão ao meio cindido
seja por vós partilhado

e não havendo o vencido
assinem este tratado
por Mim celebrado e ungido
co'a benção de meu Papado

e dando por resolvido
o embate e o seu passado
orando ao Deus consabido
dobrem-se a Mim qual criado

a terra

as gentes nuas
mansas e pacíficas
na primeira inocência
por Deus concedida

rejeitaram o mel
os figos passados
a taça de vinho
e a água da albarrada

cobiçavam os gentios
os anéis e as insígnias
de Nosso Capitão-Mor

e foram tão dóceis
que ele as deu de bom grado
em troca de sua terra bruta

o desterro

manda
      quem não tem juízo
obedece
      quem não pode

e qualquer aquele
          que maliciosamente
o contrário fizer
      pague um marco de prata
morra por isso
      ou seja degredado
per omnia
      para o Brasil

a batalha

em este tempo
         a artelharia imiga
desembarcou
         entre a cidade
e a Vila Velha

alojados em São Bento
         com cargas de monição miúda
muitos meninos morrerão
         pelejando animosamente
com os Olandezes (
         que farão toda essa matanza
muy contentes)

hua briga
         que durou
duas horas
         até que o manto negro
da noite
         cobrisse a terra
e o sangue
         da cor do vinho
a embriagasse

oitenta
         dos nossos vallerosos soldados
forão mortos
         e seus corpos enterrados
no Sagrado solo
         e no Mistério de nossa Fé
e não se poderá ver
         mayor demonstração de amor
à Sua Magestade
         e à Coroa de Portugal

porque sou de 63 annos
         e he já tempo

de tractar só de minha vida
                    e não das alheas
darei fim a essa historia
                    da batalha pera socorrer
e recuperar
           a Bahia

a entrada

as terras minerais
           desde sempre Vossas
que por anos escavamos
                    por de cima
pelo meio
       e pela fossas

se encontravam livres
                sem eira
                        beira
ou mantimento
              para que Vossos vassalos
houvessem
          bom repartimento

digo:

a bandeira
           em sua jornada
com a cruz e o facão
                 rompe mata
abre picada
           em viril execução

o trabalho
          e a ventura
seguem sempre
             em união
com a dor
          e a clausura
da mais bruta
           reclusão

e aquele
        em que grassa
a mortífera sezão
                será posto em desgraça

sem provento
            ou quinhão

dito isso ó Meu Senhor
encilhando meu cavalo
sem remendo ou temor
o abandono sem abalo

a conjura

meu muy Amantíssimo Senhor
Luis de Vasconcelos e Souza *vírgula*
Vice-rei do Brasil *stop*
a rebelião foi debelada *stop*
Joaquim José da Silva Xavier *vírgula*
vulgo *aspas* o Alferes *aspas*
assumiu a liderança
do insidioso movimento *vírgula*
após interrogatório na *aspas* sala de massagem *aspas*
da fortaleza da Ilha das Cabras *stop*
todos os demais insurgentes *vírgula*
se encontram detidos *stop*
sucesso *exclamação*
no aguardo de Vosso comando *vírgula*
permaneço à disposição *stop*
de seu fidelíssimo servidor
Visconde de B.*stop*

postscriptum

não poderia deixar de registrar
a decidida atuação de meu primogênito
Antônio Luís *vírgula*
Dragão de Minas *vírgula*
para o sucesso dessa missão *stop*
vamos reunir nossas famílias
para celebrar *interrogação*
pode ser um jantarzinho em casa
na próxima quarta-feira *interrogação*
saudações de Vosso fidelíssimo criado
Visconde de B.*exclamação exclamação*
exclamação

casa grande & senzala por uma mucama

subiu a saia a sinhá
desceu o reio o siô
morreu à míngua o lorubá
nasceu pardo o sinhô

a fuga

mal sabia o Rei fujão
que o degredo o levaria
a fundar uma nação
— e a arruinar sua eugenia

Nossa Senhora Dona Carlota Joaquina de Bourbon

em monólogo interior

que merda de terra é essa
em que as ruas são do perro
e a virtude é uma promessa
que se rompe ao menor berro?

ah, meu Deus, que gentes feias
viradas que estão do avesso —
que os atem logo à peia
com uma argola presa aos beiços

e as pencas de más frutas
que sabem a mau purgante
e excitam as feias putas
que molestam meus infantes

que dizer desta espelunca
com estatura de palácio?
viver lá? jamais e nunca!
melhor o curral do Paço...

ah, Fernando, se sois destro
relevai a força cálida
que comanda o meu estro
e eliminai a Lei Sálica

ser a regente Vos peço
das províncias do além-Prata
recompensa? já não meço:
diga já o que o empata!

ah, o exílio há de ser breve
Jesus Cristo há de querer...
o diabo que me leve
pois aqui não hei de morrer!

falsa lira de Pedro I, o "demonião"

releva
      meu amor
esta imperfeita
          glosa
a fruta
    é fina
posto que a casca
          seja grossa

missiva de Domitila para o "demonião"

pode parecer estúpido
este argumento flácido:
Vosso sentimento cúpido
não terá efeito plácido

meu comportamento frígido
pela corrosão do aço
pode parecer insípido
e meu pensamento baço

pode parecer exótico
eu querer Vossa bondade
sem o seu ardor erótico

(que me tolhe a liberdade)
pode parecer despótico
Vosso horror à amizade

Nioac

mano e amigo Crispim
                tomamos Nioac
aqui e acolá jaziam
                muitos cadáveres
(um deles
de pés amarrados
                sangrando como um porco
crivado de feridas
                ao lado
de uma velha
                de goela aberta
e seios decepados
                nadando
no próprio sangue)

nessa terrível campanha
                de trinta e cinco dias
nosso general nos animava:
                soldados
honrem o Império!
                defendam nossos canhões
e as nossas bandeiras
                não estamos deitados
vivam e morram em pé!
                pois de novo virá
a guerra maligna
                & o fragor tremendo
da batalha

o filho da puta do Lopes
                perfilou velhos mulheres meninos
na linha de frente
                e os enfrentamos
mano Crispim
                para defender
os nossos canhões
                e a nossa bandeira

noite memorável
            grandes gritos:
os paraguaios desertaram
                ao ouvir o estampido
e a sentir o abalo
            de nossos canhões

a pátria está salva
            tudo está salvo
tive a boa fortuna
            de ficar em pé
perfilado
        ao lado dos nossos

então guarda um leitão gordo
e enfeita o nosso lar
com meu Deus fiz um acordo:
para Vós hei de voltar!

1872
poema bufo em quatro movimentos

allegro-ma-non-troppo

em um país ensolarado
     vivia um Imperador triste (
para gozo
  do Bordalo
e chiste)

andante-con-brio

a Condessa
   e suas aias
na Oropa
  & no Levante
levantavam
  suas saias
atiçando o viajante

très modéré

mais fleumático
   que bilioso
cultivava
  a zooética
sem o pendão
   do pai valeroso
para a cinegética

allegro-sin-fuoco

atirava
 em tudo
que não via
   pacasardinhaabacatecotia

em memorável jornada
    sem tino ou socorro
abateu de enfiada
   perdiz e cachorro (
para do Bordalo
   a caçoada)

abolição

houve missa campal
houve barulho
& a princesa maternal
livres!

muita gente na praça
muita alegria
a princesa era só graça
livres!

carros dourados
quatro cavalos garbosos
adornados
livres!

ao romper a noite
embriagado e só
lembrei-me do açoite
no lombo de minha avó
livre?

o pijama de Deodoro

ultimado o golpe
em torto galope
voltou para a cama
(e para o pijama)

turvava sua ideia
a má dispneia

1916 ou pelo telefone

— Donga, é prá vancê!
— quem é?
— sei lá, disse que é o chefe da folia...

cabralismo

o donatário
o sertão
o vegetal
o minério
a etnia
a favela
a cozinha
o vatapá
a dança
o carnaval

falação
pau-brasil
antropofagia

alegria da ignorância que descobre

comboio

café com leite
café com leite
café com leite
oô...

oigalê!
que porra é essa ó maquinista?

erva com pão
erva com pão
erva com pão
oô...

cercar mineiro
matar paulista
e que se lasque
a Constituição
oô...

voa fumaça
passa Rio Grande
passa tenente
passa caudilho
oô...

oigalê!
siga em frente, ó maquinista!

no obelisco
só tem oficial
gente buenacha
remontando bagual
oô...

sobrou
pouca gente
pouca gente
pouca gente
oô...

a trajetória da pedra

sopesada
        por mão destra
                e seminal
de fino feitio
        e certeira
                mira
sem alarde
        a pedra inaugural
foi lançada
        de um caminho
de Itabira

1932 ou para não dar a partida por perdida

— sustentae o fogo
                que a victória é nossa!
— com a matraca
                capitão?

MMDC

a batalha começou
na Praça da República
no Triângulo

tiroteio
de fuzil
revólver
submetralhadora
& palavrões

a meninada
desmuniciada
xingava
atirava pedras
xingava
atirava garrafas
xingava
afrontando
a escumalha
do ditador

— vivas!
— morras!
— à luta!

16:15
no chão
Martins
Miragaia
Drauzio
& Camargo
24 de maio 1932
186º ano da batalha de Tuiuti

no Obelisco
        de Emendabile

prisma de quatro
             faces
o túmulo
       da Constituição:

bandeira da minha terra
bandeira das treze listas;
são treze lanças de guerra
cercando o chão dos Paulistas!

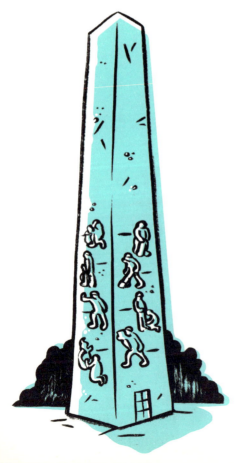

pararatimbum-bum-bum

Maracanã
150 mil
Brasil x Espanha

6 x 0 para o Brasil:
Ademir Jair e Chico
Chico Ademir e Zezinho

e o maior coro do mundo:

eu fui às touradas de Madri
pararatimbum-bum-bum
pararatimbum-bum-bum
e quase não volto mais aqui
pra ver Peri beijar Ceci
pararatimbum-bum-bum
pararatimbum-bum-bum

— viva o Brasil!
— viva o Braguinha!
— viva o quadril!
— viva a marchinha!

16 de julho, 1950, 16:50

Alcides Edgardo Ghiggia
silêncio

o tiro do presidente

muitas lutas venci
(terei somente uma morte?)
da vida apeio aqui
antes que Deus me deporte

pilhéria na padaria: 24 de agosto de 1954

— e o senhor, vai querer o quê?
— café, filho...

como pode um peixe vivo viver dentro da braguilha

presidente pé de valsa
sedutor e mulherengo
arriou as suas calças
no ofício realengo

cincoenta anos em cinco
desfivelando o cinto

vassourinha ou o presidente era um jingle

varre
varre
varre
varre
varre varre vassourinha

varre
varre
a bandalheira

que o povo
já está cansado
de sofrer
dessa maneira

em resumo:

a vassourinha
                não varreu
a bandalheira

a bandalheira
                varreu
o povo

e o vice
            acabou na rinha (

pinto novo
          sem asa
de galinha)

1º de abril de 1964 na embaixada norte-americana

a fortaleza vermelha ruiu
um *hip-hip-hooray* ao Castelo Branco
e ao primeiro de abril!

número 5
eppur si muove

o presidente
        da República Federativa do Brasil
ouvindo o Conselho de Segurança Nacional
                            e considerando
que a revolução brasileira
                de 31 de março de 1964
baseada na liberdade
                no respeito à dignidade da pessoa
humana
e no combate à subversão
                de ideologias contrárias
às tradições de nosso povo
                  e atos nitidamente subversivos
oriundos
        dos mais distintos setores
                      políticos e culturais
resolve editar o seguinte

ATO INSTITUCIONAL

    Art. 1º - São mantidas a Constituição de 24 de janeiro de 1967 e as Constituições estaduais etc.

    Art. 2º - O presidente da República poderá decretar o recesso do Congresso Nacional, das Assembleias Legislativas e das Câmaras de Vereadores, por Ato Complementar, em estado de sítio ou fora dele etc.

    § 1º - Decretado o recesso parlamentar e de todos os direitos políticos dos cidadãos, o Poder Executivo correspondente fica autorizado a cassar os direitos políticos de um, de dois e de todos os cem violeiros, parados no meio do mundo etc.

    § 2º - Durante o recesso, escureçam o dia, silenciem o canto e proíbam o ponteio dos violeiros supra etc.

    § 3º - Em caso de recesso do Congresso Nacional, os interventores nos estados e municípios ficam autorizados a proibir i) o domingo no parque; ii) o sorvete de morango; iii) a rosa vermelha; e iv) principalmente a faca, sem qualquer dispositivo em contrário etc.

por fim
    saibam todos
        que
por este ato
    ninguém pode ter voz ativa
ou no seu destino
    mandar

ninguém
    pode ir contra a corrente
cultivar roseira
    fazer serenata
ou tomar iniciativa

o mundo
    não roda
        não roda

assim
    ficam terminantemente proibidos:

        a) a roda-gigante
        b) o rodamoinho
        c) o pião
        d) as voltas do coração

seguiremos sempre e agora
cumprindo nosso dever
quem manda estanca a aurora
não espera acontecer!

    o presente ato institucional entra em vigor nesta data
        revogadas as disposições em contrário
            Brasília, 13 de dezembro de 1968
                147º da Independência
                  80º da República
                  4º da Redentora
              Princípio do Terror

festival da canção, 1969

sinal fechado

23 de março de 1979 ou repressão é isso aí, bicho!

meu povo
não dá para fazer omelete
sem quebrar o ovo

Diretas já ou a banda do Pirandello

25 de janeiro 1984
esquenta no bar Pirandello
rua Augusta 311
com Antonio Maschio e Wladimir Soares

a cerveja rolava solta
não havia cordão de isolamento
nem sanitário químico

a bateria
bombava o bumbo
agitava o pandeiro
e judiava a cuíca
num samba sincopado
prolongado e forte

a cerveja rolava solta
não havia cordão de isolamento
nem sanitário químico

Aldine Müller
rainha das cinco esquinas
puxava o cordão
sensualíssima
com samba no pé

a cerveja rolava solta
não havia cordão de isolamento
nem sanitário químico

Vale do Anhangabaú
duzentos mil?
segundo a situação
não era tanta gente assim
a polícia desconversou
a *Folha* deu

a cerveja rolava solta
não havia cordão de isolamento
nem sanitário químico

Tancredo Brizola Montoro
Fernando Henrique Lula
Covas Quércia (ai...)
Osmar Santos Fafá de Belém
& uma pombinha branca
dividiam o palanque (
a pombinha
         meio sem graça)

a cerveja rolava solta
não havia cordão de isolamento
nem sanitário químico

lá pelas tantas
            os pirandellianos
sem comoção
            nenhuma
mijaram em comum
            numa festa de espuma

aliviados
        cerramos a braguilha
e festejamos
        a queda da Bastilha

(a emenda
        Dante de Oliveira
                    não passou
a festa
    foi bonita)

memorando ministerial, 16 de março de 1985

excelentíssimo senhor presidente
                                há tanto
por não fazer
          que nem sei
                   por onde
não começar...

o confisco, março de 1990

pátria minha
a besta imunda
passou a mão
na sua bunda

a moeda & o pão nosso de cada dia

o fumo
o algodão
a madeira
o açúcar (
por ordem
de Menelau
)
o metal
o real (
réis
no plural
)
o papel
o bilhete
o mil-réis (
múltiplo
do real
)
papel-ouro
barras de ouro
o cruzeiro (
o mil-réis
)
o cruzeiro novo
o cruzado
o cruzado novo
o cruzeiro (
o confisco
)
a URV
o cruzeiro real
o real

— candidato
        quanto custa
o pão nosso
        de cada dia?
...

— veja bem...

caras-pintadas
apud Secos & Molhados

em 1992

não há
possibilidade
de viver
com essa gente

e com nenhuma gente
que apoia o presidente

em 2014

não há
possibilidade
de viver
com o insurgente

e com nenhuma gente
que namora o ex-presidente

tudo como dantes no quartel de Abrantes

a matilha afia os dentes
mascando o tenro osso
dos embargos infringentes

carta 14ª

Doroteu
prezado amigo
abra os olhos

a liberdade
era nova no país
estava
nas aspirações de todos

hoje
porém
não está nas leis
nas ideias

à força do temor
o Senado
constância
já não tem
afrouxa
e cede

o poder
agora
é tudo

quero servir
a sociedade
e a liberdade
não abandonarei
a causa
que defendo
no dia de seus perigos

Doroteu,
amigo meu
o que eu quero é lhe dizer
é que a coisa aqui
tá preta...

ai! que preguiça!...
apud Mário de Andrade

— pouca saúde
                e muita saúva
os males do Brasil
                são!
...

— qual é o plano
              candidato?
...

— se eleitos
          criaremos um grupo
interministerial
            para erradicar
                  a saúva
...

— e a saúde
            candidato?
...

— vai muito bem
            foi só uma gripe
tem mais não

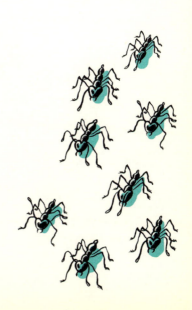

referências, apropriações & citações
(ou: expondo a cozinha)

1
Inspirados por *Novas cartas chilenas*, do poeta e tradutor José Paulo Paes, alguns poemas desta coletânea faziam parte de um livro ainda inédito. Por sugestão de Leandro Sarmatz, que sugeriu a incisão deste texto final, recortei e ampliei o conjunto, de forma a constituir uma obra autônoma e independente.

Assim, pela primeira vez em minha oficina, inspirado pelo poeta, mestre e amigo Carlos Felipe Moisés, estabeleci um plano de trabalho que resultou em um livrinho "vertebrado". Ao longo do processo de criação, procurei traçar uma paisagem do Brasil e de sua *velhanova* história em 39 poemas. Seguramente, com menos engenho e arte que o autor de *Cúmplices*, *Novas cartas chilenas*, *Anatomia* & *A poesia está morta, mas juro que não fui eu*.

2
No caso, a confirmar, também não fui eu.

3
A obra do antropólogo e querido amigo Roberto DaMatta foi outra importante fonte de inspiração. Graças às suas interpretações sobre o Brasil, refinei minha mirada sobre as relações assimétricas que (des)organizam as instituições e as relações sociais em nosso país. Mestre a quem sou muito grato pelo aprendizado e pelo afetuoso texto de quarta capa. Aguardo as letras de samba, Roberto.

A contribuição do jornalista e historiador Jorge Caldeira, outro amigo, para uma renovada interpretação do Brasil também orientou este livrinho. Assim como o papo sempre estimulante e carinhoso, ainda que (lamentavelmente) pouco frequente, com Josildeth Gomes Consorte & Roberto Gambini, aconselhadores e amigos de longa data.

4
Mais retrato poético que análise crítica.

5
Para compor o poema "a partilha", abracei com grande liberdade *O descobrimento do Brasil*, de Capistrano de Abreu, e *História do Brasil*, de Francisco Adolfo de Varnhagen. Em "a terra", a maior parte dos versos foi surrupiada à carta inaugural de Pero Vaz de Caminha (reproduzida em *Os três únicos testemunhos do descobrimento do Brasil*, organizado por Paulo Roberto Pereira). No caso de "o desterro", a fonte foi uma pequena e preciosa coletânea das *Ordenações Filipinas, Livro V*, conduzida por Silvia Hunold Lara.

No poema "a batalha", reproduzi passagens comoventes e pouco conhecidas de uma carta de Frei Vicente do Salvador quase integralmente (em obra exemplar de Maria Leda Oliveira). Em "a entrada", as fontes foram Alcântara Machado, *Morte e vida do bandeirante*, e Cassiano Ricardo, *Marcha para o Oeste*. O poema "a conjura", por sua vez, foi influenciado por *A devassa da devassa*, de Kenneth Maxwell, além da já mencionada história de Varnhagen (transcriado em linguagem extemporânea e telegráfica, no embalo de modernistas e sucessores).

Um poema (acho que inédito) de José Roberto "Beto" Caloni deu-me o mote para "a fuga". Cito de memória o constructo do querido amigo: "Dom Manuel 'O Venturoso'/primeiro de sua linha em Portugal/mal sabia que dessa eugenia/nasceria o carnaval". Oliveira Lima, de *Dom João VI no Brasil*, serviu-me de inspiração para compor "Nossa Senhora Dona Carlota Joaquina de Bourbon".

Os poemas "casa grande & senzala por uma mucama" e "falsa lira de Pedro I, o 'demonião'" têm como fontes, respectivamente,

Gilberto Freire e Otávio Tarquínio de Souza. No caso de "falsa lira...", tomei de empréstimo a ideia e o título do haicai "Falsa lira de Dirceu", de Manuel Bandeira.

Em "Nioac", vali-me dos relatos de *A retirada de Laguna*, de Visconde de Taunay, e da carta de um soldado que presenciou a campanha, reproduzida em *Brasil: a história contada por quem viu*, organizado por Jorge Caldeira. *A história de Dom Pedro II*, de Pedro Calmon, e *As barbas do imperador*, de Lilia Moritz Schwarcz, inspiraram "1872". O bom velhinho viajava e levantava saias. A notícia sobre a abolição possui passagens de Tobias Barreto (também em *Brasil: a história contada por quem viu*). Nesse caso, os versos traduzem, também de forma libérrima, o espírito da época, presente nas crônicas do escritor.

Em "cabralismo", procurei dissecar a medula do poema "falação", de Oswald de Andrade, publicado em *Pau Brasil*. Tentativa de atualizar uma síntese da história brazuca. O poema "comboio", por sua vez, emula *Trem de ferro*, de Manuel Bandeira, expondo, na raia de seus versos sincopados e miúdos, o fim da hegemonia política de paulistas e mineiros, apeados do poder em 1930 (tema dominante nos poemas "1932 ou para não dar a partida por perdida" e "MMDC", em que cito, na quadra que encerra o constructo, a primeira estrofe do poema constitucionalista "Nossa Bandeira", de Guilherme de Almeida). Quero acreditar que, nas entrelinhas, os poemas esperneiam contra o período de "ferro" seguinte — 1937 em diante. Coisa de paulista velho, de estirpe republicana.

Publicado originalmente em "Uns & outros, 1985.2005" (obra inaugural deste autor), o poema "a trajetória da pedra" reconhece a contribuição heurística do poema "No meio do caminho", de Carlos Drummond de Andrade, para a criação de uma nova sintaxe na poesia brasileira — como demonstra Eucanaã Ferraz em *Uma pedra no meio do caminho, biografia de um poema*.

Inicio o poema "vassourinha ou o presidente era um jingle" com versos da musiquinha de campanha de Jânio Quadros à presidência. O estudo *O Prometeu de Vila Maria*, do jornalista e querido amigo Ricardo Arnt, serviu-me de inspiração. Ao fim e ao cabo, era mesmo somente um (excelente) jingle.

Em "número 5", reproduzo, na primeira parte do poema, o caput do Ato Constitucional do mesmo número — também de forma livre. Nos versos seguintes, cito passagens de "Ponteio", de Edu Lobo, "Domingo no parque", de Gilberto Gil, "Roda viva", de Chico Buarque, e "Pra não dizer que não falei das flores", de Geraldo Vandré.

Em "a moeda & o pão nosso de cada dia", a fonte para traçar a história da moeda no Brasil foi o site www.educacional.com.br/reportagens/dinheiro/brasil.asp. A pergunta sobre o preço do pão francês (o nosso pãozinho de cada dia) ocorreu em debate (em que ano?) entre candidatos a cargos públicos — se para o legislativo ou executivo, não me recordo. O leitor judicioso irá informar. Mensagens para a editora, por favor.

O poeminha "diretas já ou a banda do Pirandello" tem um "quê" confessional e autobiográfico. No finalzinho, reproduzo versos de "Soneto de intimidade", de Vinicius de Moraes. Mijei. Em praça pública (não havia sanitário químico). Trocando olhares, cheios de malícia e verve, com meus coleguinhas da Banda do Pirandello — cúmplices desse ato delituoso e pouco republicano. Acho que o crime prescreveu...

Em "caras-pintadas", tomei de empréstimo passagens de "O hierofante", de Oswald de Andrade, como musicado por João Ricardo e interpretado por Secos & Molhados em seu segundo long-play (ai...). Caras-pintadas *avant la lettre*. Com o senador cara-pintada e o senador e ex-presidente de permeio.

O poema "carta 14ª" remete ao livro *Cartas chilenas*, do inconfidente Tomás Antônio Gonzaga. Nessa crítica acerba sobre os desmandos que ocorriam no Brasil durante o período colonial, Gonzaga irá criar seu poema na forma de epístolas, ou cartas, entre dois personagens fictícios — Critilo e Doroteu. Denunciando a esbórnia da administração local (e desterrado por seu envolvimento com o movimento insurgente), Gonzaga irá morrer em Moçambique. São treze cartas. Na fabulosa "carta 14ª", encontram-se passagens de Gonzaga e de discurso de Bernardo Pereira de Vasconcelos, senador durante a transição do primeiro para o segundo Reinado (a data é controversa, provavelmente 1837, segundo José Pedro Xavier da Veiga e Joaquim Nabuco). E da canção "Meu caro amigo", de Chico Buarque — interpretada às avessas? Desmandos, corrupção e apego ao poder. Síntese de nossa história.

Por fim, o título e a fala inaugural do poema "ai! que preguiça!..." (que empresta nome a este livrinho) foram surrupiados à opera magna *Macunaíma*, de Mário de Andrade. Obra fundamental para que, no futuro, o Brasil seja tema de canto para homens ainda por nascer.

6
O pouco do que resta acho que é meu.

7
E porque sou de 53 anos, e é já tempo de tratar só de minha vida, e não das alheias, dou fim a esta história.

Rodolfo Witzig Guttilla, janeiro de 2015

Copyright © 2015 by Rodolfo Witzig Guttilla

Grafia atualizada segundo o Acordo Ortográfico da Língua Portuguesa de 1990, que entrou em vigor no Brasil em 2009.

Capa e ilustrações
Fido Nesti

Projeto gráfico
Alceu Chiesorin Nunes

Preparação
Antônio Miguel

Revisão
Carmen T. S. Costa
Marina Nogueira

Dados Internacionais de Catalogação na Publicação (CIP)
(Câmara Brasileira do Livro, SP, Brasil)

Guttilla, Rodolfo Witzig
  Ai! Que preguiça!... : O Brasil em 39 poemas fabulosos & alegóricos / Rodolfo Witzig Guttilla ; ilustrações Fido Nesti — 1ª ed. — São Paulo : Companhia das Letras, 2015.

  ISBN 978-85-359-2605-7

  1. Poesia brasileira I. Título

15-04267   CDD-869.91

Índice para catálogo sistemático:
1. Poesia : Literatura brasileira 869.91

[2015]
Todos os direitos desta edição reservados à
EDITORA SCHWARCZ S.A.
Rua Bandeira Paulista,t 702, cj. 32
04532-002 — São Paulo — SP
Telefone: (11) 3707-3500
Fax: (11) 3707-3501
www.companhiadasletras.com.br
www.blogdacompanhia.com.br

RODOLFO WITZIG GUTTILLA nasceu em São Paulo em 1962. Formado em Comunicação e em Ciências Sociais, é Mestre em Antropologia pela PUC-SP. Foi repórter, editor, pesquisador, professor e executivo. Publicou, entre outros, *Uns e outros (Poemas 1985-2005)*, *A casa do santo e o santo de casa* e organizou o volume *Boa Companhia – Haicai*, uma antologia desse tipo de poema na língua portuguesa.

FIDO NESTI nasceu em São Paulo em 1971. Depois de trabalhar com animação clássica, começou carreira de ilustração comercial. É colaborador frequente do jornal *Folha de S.Paulo* e da revista *New Yorker*, entre outras publicações, além de produzir capas e ilustrar histórias em quadrinhos.

ESTA OBRA FOI COMPOSTA POR ALCEU CHIESORIN NUNES EM
FUTURA E IMPRESSA PELA PROL EDITORA GRÁFICA EM OFSETE
SOBRE PAPEL PÓLEN BOLD DA SUZANO PAPEL E CELULOSE PARA
A EDITORA SCHWARCZ EM JUNHO DE 2015

A marca FSC® é a garantia de que a madeira utilizada na fabricação do papel deste livro provém de florestas que foram gerenciadas de maneira ambientalmente correta, socialmente justa e economicamente viável, além de outras fontes de origem controlada.